INTERFACT™

EL LIBRO Y EL CD-ROM QUE INT...

LOS VOLCANES

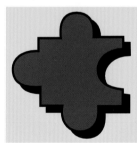 

TWO CAN™

CHANHASSEN, MINNESOTA · LONDON

Publicado par Two-Can Publishing
18705 Lake Drive East, Chanhassen, MN 55303
1-800-328-3895
www.two-canpublishing.com

©2000, 1998 Two-Can Publishing

CD-Rom
Director creativo: Jason Page
Director de programación: Paul Steven
Directores gráficos: Sarah Evans, James Evans
Programador: Craig Grummit
Editores: Lyndall Thomas, Jo Keane
Illustradores: Carlo Tartaglia, Jon Stuart,
Alan Miles, James Jarvis
Directoras de producción: Lorraine Estelle,
Joya Bart-Plange

Libro
Director creativo: Jason Page
Editores: Jo Keane, Lyndall Thomas, Iqbal Hussain
Diseñadores: Michele Egar, David Oh
Directoras de producción: Lorraine Estelle, Joya Bart-Plange

'Two-Can' e 'Interfact' son marcas registradas de Two-Can Publishing.
Two-Can Publishing es una división de Creative Pubishing international, Inc.
18705 Lake Drive East, Chanhassen, MN 55317

ISBN: 1-58728-977-6

2 4 6 8 10 9 7 5 3

Impreso en Hong Kong por Wing King Tong.

Fotografías: Primera de cubierta: Planet Earth Pictures
Ardea: p24tr; Bruce Coleman: p14b; Explorer: p11, p12/13, p26; GeoScience Features Picture Library:
p9, p10/11, p15r, p19, p23b; Robert Harding Picture Library: p15l; The Hutchinson Library: p23r; Frank Lane Picture
Agency Ltd: p12tr, p14t; Rex Features: p23t; Survival Anglia Photo Library: p22, p25tl; Zefa: p18, p20, p24/25, p25tr
Todas las ilustraciones de Francis Mosley, salvo las de las páginas 28–32, realizadas por
Malcolm Stokes de Linden Artists

DESCUBRE Y JUEGA

En el CD-Rom encontrarás juegos, concursos, actividades y puzzles muy divertidos, además de descubrir muchos datos.

Arrastra las etiquetas y averigua si sabes los nombres de las distintas partes de un volcán.

Abre el libro y averigua muchos otros datos interesantes, acompañados de fotografías e ilustraciones a todo color.

¿En qué lugares del mundo hay volcanes? ¡Lee y descubre!

Usa el libro y el CD-Rom a la vez. Fíjate en los símbolos ☞ CD-Rom y ☞ Libro que relacionan el libro con el disco y viceversa. Para saber más sobre estos símbolos, vete a la página 43.

23

☞LIBRO

☞CD-Rom
Ana y Paco resolverán tus dudas sobre la lava en PREGUNTA A LOS EXPERTOS.

CD-Rom
En la página 40 se explica cómo debes cargar el disco en tu ordenador.

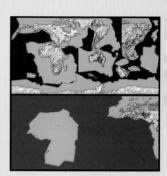

PANTALLA DE AYUDA

Aprende a usar el CD-Rom en unos instantes.

Bienvenido a
MUNDO-CLIC
Los volcanes

Si quieres saber qué actividades tiene el disco, haz clic con tu ratón sobre los botones triangulares.

Al hacerlo, aparecerá una breve descripción de cada actividad en la caja de texto inferior.

Haz clic sobre el dibujo en la parte superior de la pantalla para seleccionar una actividad.

Recuerda que todas las palabras en azul y subrayadas son palabras clave que contienen más información.

UN PUZZLE DE PLACAS

Un puzzle interactivo de las placas tectónicas de la Tierra.

Hazte con los mandos y descubre cómo utilizar:
- los botones triangulares
- las cajas de texto
- las palabras clave

Arrastra las placas al espacio inferior para completar el mapa de la Tierra. Averigua después cómo se mueven las placas causando erupciones volcánicas y terremotos.

LOS CUATRO MAGNÍFICOS

¡Observa cómo erupcionan los cuatro distintos tipos de volcán!

MONTAÑAS DE DIVERSIÓN

Explora un paisaje virtual.

Los científicos que estudian los volcanes se llaman vulcanólogos. Sus trajes brillantes reflejan el calor y les permiten trabajar a altísimas temperaturas.

Basta hacer clic con tu ratón para que entren en erupción ante tus ojos cuatro tipos de volcanes. Investiga después qué ocurre en el interior de cada uno.

Investiga un paisaje volcánico. Descubre una laguna dentro de un cráter, observa cómo erupciona un géiser y aprende a distinguir los conos que dejan los distintos tipos de erupción.

PREGUNTA A LOS EXPERTOS

Averigua muchos datos sobre los volcanes.

Nuestros expertos vulcanólogos, Ana y Paco, lo saben todo sobre los volcanes. Aprovecha para hacerles muchas preguntas. Están deseando contarte lo que nunca te has atrevido a preguntar.

1, 2, 3, VOLCANES OTRA VEZ

Un concurso para averiguar qué sabes sobre los volcanes.

Viaja por el mundo mientras respondes a preguntas sobre los volcanes. Si acabas el viaje en el tiempo previsto, podrás visitar los lugares donde se han producido las erupciones más famosas.

VOLCANES CON ETIQUETA

Investiga las partes de un volcán.

Arrastra las etiquetas con el ratón para ponerlas en su lugar. Si no aciertas, volverán a su sitio. Cuando estén todas bien colocadas, averigua más datos.

¡DETÉN LA EXPLOSIÓN!

¿Podrás evitar la erupción del volcán?

A ver si consigues adivinar la palabra misteriosa antes de que se te acabe el tiempo. Si no lo logras, el volcán explotará. ¡Sólo tus conocimientos pueden evitar la catástrofe!

ÍNDICE

Las palabras en **negrita** vienen explicadas en el vocabulario de la página 34.

¿Qué es un volcán?

Los volcanes son aberturas en la superficie de la Tierra que se producen cuando el gas y las rocas fundidas que se encuentran en el interior del planeta salen al exterior. Algunos volcanes son sólo largas grietas en la tierra. Otros son montañas cónicas con un agujero en su cima, el **cráter**.

Mientras la roca fundida está en el interior de la Tierra, se conoce con el nombre de **magma**. Cuando el magma sale a la superficie, se denomina **lava**. Las capas de lava y **cenizas** se acumulan alrededor de la **chimenea** o abertura central, formando el **cono** volcánico.

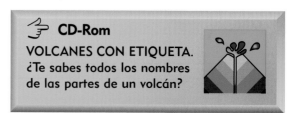

☞ **CD-Rom**

VOLCANES CON ETIQUETA.
¿Te sabes todos los nombres
de las partes de un volcán?

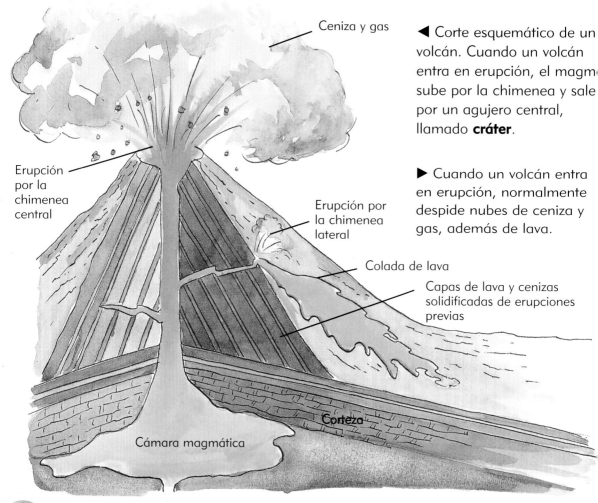

Ceniza y gas

◀ Corte esquemático de un volcán. Cuando un volcán entra en erupción, el magma sube por la chimenea y sale por un agujero central, llamado **cráter**.

▶ Cuando un volcán entra en erupción, normalmente despide nubes de ceniza y gas, además de lava.

Erupción por la chimenea central

Erupción por la chimenea lateral

Colada de lava

Capas de lava y cenizas solidificadas de erupciones previas

Corteza

Cámara magmática

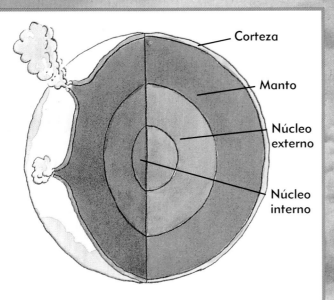

Corteza

Manto

Núcleo
externo

Núcleo
interno

La capa externa de la Tierra se llama litosfera. Está formada por la **corteza** y la parte superior del **manto**, que es sólida. La litosfera está partida en unos grandes trozos, las **placas**. Éstas flotan sobre una capa de roca fundida, que constituye el resto del manto. Bajo el manto hay una capa de metales fundidos, el **núcleo** externo, y en el centro está el núcleo interno, de hierro sólido en su mayor parte.

Erupciones volcánicas

Presenciar una erupción volcánica es algo espectacular y, a menudo, terrorífico. Los volcanes pueden explotar de distintas formas. A veces expulsan chorros de lava a cientos de metros de altura, dando lugar a mortíferas fuentes de fuego. Otras veces, la lava fluye por las laderas en ardientes coladas y recorre grandes distancias quemando y enterrando todo a su paso. Unos volcanes emiten nubes ardientes de cenizas y gases. Otros explotan lanzando al aire **bombas volcánicas** y otros **piroclastos**.

▶ Esta lava procedente del Mauna Loa, uno de los muchos volcanes de Hawai, es muy fluida. Se extiende por una extensa área antes de enfriarse y solidificarse.

▼ El Etna, en la isla de Sicilia, lanza fuentes de fuego por dos conos mientras las coladas de lava fluyen por las laderas.

☞ **CD-Rom**
Averigua qué tipos de erupción existen en
LOS CUATRO MAGNÍFICOS.

● El Estrómboli, un volcán **activo** de la costa italiana, ¡entra en erupción cada 20 minutos! Es conocido como el faro del Mediterráneo.

● Cada año entran en erupción entre 20 y 30 volcanes.

● El Mauna Loa, en Hawai, es el mayor volcán activo de la Tierra. ¡Una de sus erupciones duró un año y medio!

● Los volcanes en Hawai (ver la ilustración inferior) tienen conos anchos con laderas de poca pendiente. Como la lava es muy fluida y se extiende por una gran superficie, no suelen ser muy altos.

Una gran explosión

El magna de un volcán puede ser tan espeso y viscoso que no deje escapar los gases que contiene. Esto hace que la presión vaya aumentando hasta que finalmente provoca una gran explosión. Cuando ocurre este tipo de erupción, todo el cono volcánico puede volar en pedazos. Tras la explosión, puede ocurrir que la cima del volcán se colapse en su propia cámara magmática y dé lugar a un gran cráter circular, llamado **caldera**.

► Erupciones violentas de este tipo pueden producir enormes nubes de cenizas que se extienden por todo el campo circundante y acaban con la vida animal, vegetal e incluso humana.

👉 **CD-Rom**

Una palabra de este
capítulo te ayudará en
¡DETÉN LA EXPLOSIÓN!

Materiales volcánicos

Los distintos tipos de volcanes producen una lava más o menos fluida o viscosa. Algunos volcanes expulsan sólo fragmentos de roca sólida llamados piroclastos. Los piroclastos de menor tamaño son las cenizas volcánicas. Los más grandes son las bombas volcánicas. Los volcanes también pueden emitir asfixiantes nubes de vapor y gas. Éstas pueden precipitarse montaña abajo a más de 160 km/h. El polvo volcánico puede extenderse por una amplia área y causar puestas de sol rojizas, visibles desde muchas partes del mundo.

▲ Esta enorme área de lava endurecida se denomina campo de lava.

▼ Este valle cubierto por una gruesa capa de polvo volcánico será con el tiempo un campo muy fértil.

 CD-Rom

Ana y Paco responderán a tus preguntas sobre la lava. Consúltales en PREGUNTA A LOS EXPERTOS.

▲ A veces el volcán expulsa una espuma con muchas burbujas de gas. Al enfriarse, ésta forma un tipo de roca tan ligero que flota en el agua: es la **piedra pómez**.

▲ A veces, al enfriarse, la lava fluida se solidifica formando pliegues en forma de cuerdas. Es la llamada lava cordada o *pahoehoe* (palabra hawaiana).

¿Dónde se encuentran los volcanes?

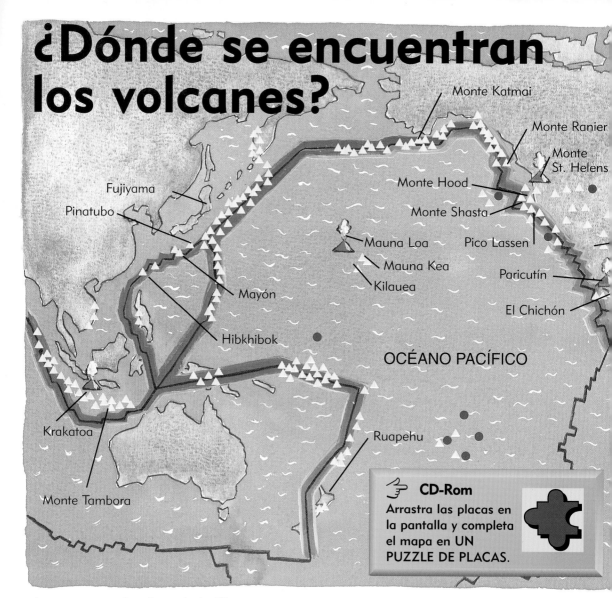

Monte Katmai

Monte Ranier

Monte St. Helens

Monte Hood

Monte Shasta

Fujiyama

Pinatubo

Mauna Loa

Pico Lassen

Mauna Kea

Kilauea

Paricutín

Mayón

El Chichón

Hibkhibok

OCÉANO PACÍFICO

Krakatoa

Ruapehu

Monte Tambora

CD-Rom

Arrastra las placas en la pantalla y completa el mapa en **UN PUZZLE DE PLACAS**.

La capa exterior dura de la Tierra, formada por la corteza y el manto superior, está compuesta por grandes trozos de roca, llamados placas. Éstas se desplazan sobre la roca fundida del manto. Los volcanes generalmente se forman donde dos placas se alejan, o donde colisionan y una de ellas se desliza bajo la otra. Esto es lo que ocurre en el

▲ Mapa de las placas de la Tierra, con la localización de muchos volcanes activos.

llamado **cinturón de fuego** del Pacífico. Otros volcanes, como los de Hawai, no se deben al movimiento de placas. Surgen en los llamados **puntos calientes**, unas áreas muy calientes en el manto, que hacen que el magma suba hacia la superficie.

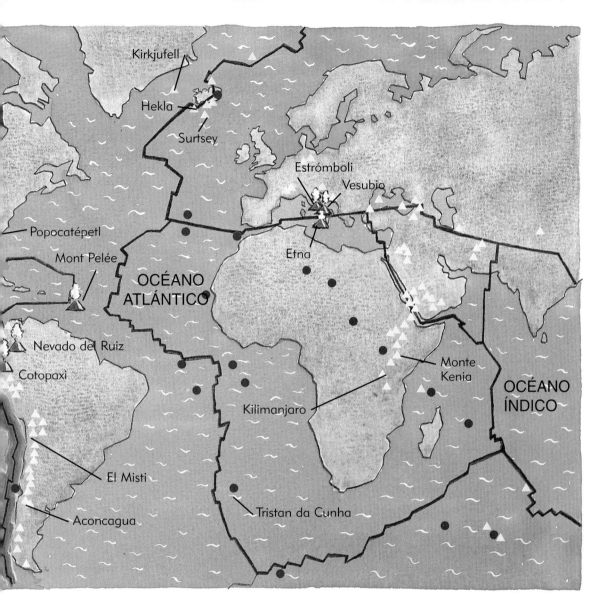

Kirkjufell

Hekla

Surtsey

Estrómboli

Vesubio

Popocatépetl

Etna

Mont Pelée

OCÉANO
ATLÁNTICO

Nevado del Ruiz

Cotopaxi

Monte
Kenia

OCÉANO
ÍNDICO

Kilimanjaro

El Misti

Aconcagua

Tristan da Cunha

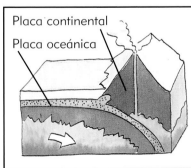

Placa continental

Placa oceánica

Si una placa oceánica choca con una placa continental, el borde de la primera se hunde hacia el interior de la Tierra y se funde. El magma que se crea asciende por la placa y origina volcanes.

Clave del mapa

 Volcanes activos

Puntos calientes

 Dirección en la que se desplazan las placas

 Borde de las placas

 Cinturón de fuego

Islas volcánicas

Algunos de los paisajes más espectaculares de la Tierra se encuentran bajo el mar. Además de profundas fallas y grandes valles, existen enormes montañas, las dorsales, que emergen del suelo oceánico. Muchas de estas montañas son volcanes. Cuando un volcán entra en erupción bajo el mar, la lava se solidifica rápidamente al entrar en contacto con el agua.

Repetidas erupciones pueden hacer que la cima del volcán acabe por asomar sobre la superficie marina.

▼ La isla de White es una isla volcánica. Se encuentra en la costa oriental de la isla Norte de Nueva Zelanda. Existen varias islas volcánicas similares dispersas por la costa de Nueva Zelanda.

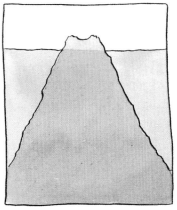

La lava de un volcán submarino se enfría y solidifica rápidamente, creando una montaña cónica alrededor de la boca.

El volcán submarino crece con cada erupción, al acumularse la lava sobre sus laderas. Con el tiempo, su cima puede acabar por asomar sobre la superficie.

La cima del volcán está ya sobre el nivel del mar. ¡Ha nacido una isla volcánica!

En 1963, la tripulación de un pesquero que navegaba junto a la costa de Islandia divisó una columna de humo. Cuando el barco se aproximó, vieron surgir sobre las olas grandes nubes de cenizas y vapor. ¡Estaban asistiendo al nacimiento de una isla volcánica!

Cuando emergió la cima de la nueva isla, la lava empezó a salir por docenas de chimeneas. Esa misma noche, la isla medía 11 m de alto. Cuatro días más tarde, medía 650 m de largo.

La isla se llamó Surtsey. Científicos de todo el mundo acudieron para observar este excepcional acontecimiento y estudiar la llegada de la fauna y la flora.

Surtsey estuvo creciendo sin parar y cambiando durante cuatro años. Hacia 1967, después de la última erupción, la superficie de la isla era de unos 2.600 km^2, y medía 150 m de altura.

▼ Nubes de cenizas y vapor salen de las chimeneas de la nueva isla volcánica de Surtsey.

Fuentes termales y géiseres

El magma ardiente que origina los volcanes también puede crear **fuentes termales** y **géiseres**. Éstos se forman cuando el agua se filtra y se acumula en la roca que se halla sobre el magma. El agua se calienta y puede emerger a la superficie burbujeando para formar una fuente termal, o como un gran surtidor de vapor y agua, llamado géiser.

Algunos géiseres entran en erupción a intervalos regulares, ya que, tras expulsar el agua y el vapor, la cavidad se rellena y se reinicia el proceso.

Si el agua caliente se mezcla con tierra, se forman charcos de barro caliente que emergen burbujeando a la superficie y forman volcanes de lodo.

▼ Los baños de lodo se usan para curar algunas enfermedades.

▲ El parque de Yellowstone, en Estados Unidos, tiene más de 2.500 géiseres.

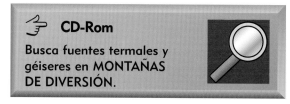

☞ **CD-Rom**

Busca fuentes termales y géiseres en MONTAÑAS DE DIVERSIÓN.

Construye un volcán

Necesitas:
- Un frasco pequeño de cristal transparente, como un frasco de perfume o un tintero
- Un trozo de cartulina
- Un alfiler
- Un vaso pequeño
- Colorante para comida
- Agua

1. Llena el vaso hasta la mitad con agua fría.

2. Haz un pequeño agujero con el alfiler en medio de la cartulina.

3. Pon cuatro o cinco gotas de colorante en el bote vacío y llénalo con agua caliente del grifo.

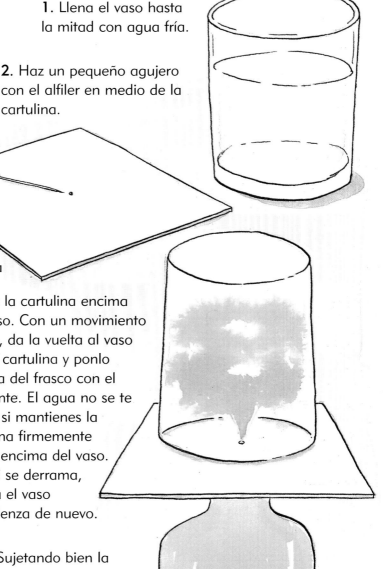

4. Pon la cartulina encima del vaso. Con un movimiento rápido, da la vuelta al vaso con la cartulina y ponlo encima del frasco con el colorante. El agua no se te saldrá si mantienes la cartulina firmemente sujeta encima del vaso. Pero si se derrama, rellena el vaso y comienza de nuevo.

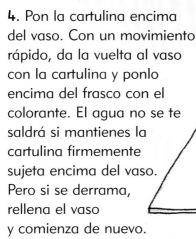

5. Sujetando bien la cartulina, da golpecitos suaves en el vaso. Verás cómo suben por el agujero unas nubes de color. Esto ocurre porque el agua caliente es más ligera que la fría.

Vivir cerca de un volcán

A lo largo del tiempo, mucha gente ha vivido junto a volcanes. Esto puede ser peligroso. Así, en 1883, la isla volcánica de Krakatoa, en Indonesia, explotó y originó una ola inmensa, llamada tsunami, que causó la muerte de 36.000 personas. La explosión se oyó a 4.800 km.

Incluso cuando la erupción no es violenta, las nubes de gases pueden acabar con cualquier ser vivo en una amplia área circundante. Así, en 1982, la nube de gases de El Chichón, en México, mató a 187 personas.

Las coladas de lava también pueden enterrar ciudades enteras. En 1973, la ciudad de Vestmannajyer, en Islandia, quedó enterrada bajo la lava procedente de la erupción del volcán Helgafell.

Pero vivir cerca de un volcán también tiene ventajas. El suelo volcánico es muy fértil. Además, muchos minerales y metales importantes, como el azufre y el cobre, se encuentran en las rocas volcánicas.

 CD-Rom

Recuerda lo que leas en estas páginas. Puedes necesitarlo para el concurso 1, 2, 3, VOLCANES OTRA VEZ.

▲ En 1985, una colada de barro volcánico arrasó la ciudad de Armero, en Colombia. Murieron unas 25.000 personas.

▼ La ciudad de Vestmannajyer (Islandia) fue sepultada por la lava en 1973. Los isleños intentaron detenerla durante cinco meses echando encima agua de mar.

▶ El suelo volcánico es excelente para las plantaciones de arroz. Las laderas se abancalan para que la lluvia no arrastre el fértil suelo.

◀ Estos macacos japoneses, que viven en los bosques de montaña de Japón, tienen que soportar temperaturas muy bajas e incluso nieves. En invierno se calientan bañándose en las fuentes termales.

Tipos de volcanes

Los volcanes se clasifican en activos, intermitentes, **dormidos** y extintos. Un volcán activo es aquel que está en erupción o puede estarlo en el futuro. Cuando un volcán activo lleva tiempo sin entrar en erupción, se dice que está dormido. Un volcán extinto es aquel que no ha tenido ninguna erupción en fecha histórica.

Después de una erupción, un volcán activo puede permanecer dormido mucho tiempo. Entonces tiene el aspecto de una montaña normal y la nieve puede cubrir su cima. Pero, debajo de su superficie, la presión del magma puede ir aumentando hasta causar una nueva erupción.

Cuando un volcán está realmente extinto, el magma bajo él vuelve a hundirse en las profundidades de la Tierra. La erosión va desgastando el cono hasta que sólo quede el **pitón volcánico** de lava solidificada.

▲ Crater Lake, en EE UU. A veces el cono de un volcán activo se colapsa hacia dentro originando un gran cráter, llamado caldera. La caldera puede llenarse de agua y formar un lago circular. La isla en el lago es un nuevo cono volcánico.

 CD-Rom

Descubre el Fujiyama en MONTAÑAS DE DIVERSIÓN.

▲ Los cráteres erosionados de las islas Galápagos, en el océano Pacífico, proporcionan un hábitat único para algunas especies, como la iguana que aparece aquí.

▼ El Fujiyama, la montaña más alta de Japón, entró en erupción por última vez en 1707.

▲ La capilla de Saint Michel d'Aguiche, en la ciudad francesa de Le Puy, se halla en la cima de un **pitón** de 80 m de altura. El pitón es la lava solidificada que rellenaba el conducto central del volcán.

La aplicación de la ciencia

Durante años, los científicos han estado investigando cómo predecir la erupción de un volcán para que la gente del área circundante pueda ponerse a salvo.

Antes de una erupción, a menudo se dan pequeños temblores de tierra, debidos a las rocas que se parten al ascender el magma hacia la superficie.

▼ Los científicos que estudian los volcanes se llaman vulcanólogos. Cuando observan un volcán en erupción, tienen que utilizar un traje especial que los aísla del calor.

Existe un instrumento, el **sismógrafo**, que permite a los científicos calcular la situación exacta del magma ascendente. En Hawai, gracias a esta técnica, se ha podido pronosticar con exactitud el tiempo y el lugar de algunas erupciones.

En el observatorio científico junto al Etna, los científicos pueden oír cómo fluye el magma por los conductos del volcán, ya que emite un leve sonido. Escuchándolo, los científicos siguen los movimientos del magma y así pueden

predecir por qué cráteres saldrá en las próximas erupciones.

Cuando el magma sube hacia la superficie, las laderas del cono pueden hincharse. El ángulo de la pendiente puede medirse con un instrumento, el nivel, que también ayuda a los científicos a predecir dónde va a tener lugar una erupción.

El estudio de las cenizas volcánicas también revela datos de las erupciones anteriores. Los científicos estudian la magnitud de las últimas erupciones, su duración y las áreas a las que afectó. También calculan el tiempo transcurrido entre cada erupción y predicen cuándo podrá ocurrir la siguiente.

☞ **CD-Rom**

¡DETÉN LA EXPLOSIÓN! con una palabra que aparece en estas páginas. **?**

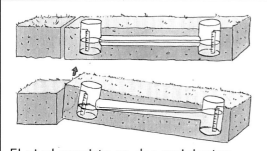

El nivel consiste en dos recipientes unidos por un tubo de varios metros de longitud. Si el suelo se inclina, el agua pasa de un recipiente a otro. Los niveles de los líquidos indican el grado de inclinación.

¿LO SABÍAS?

● *Según los científicos, las erupciones volcánicas pueden originar cambios climáticos. Las cenizas volcánicas, al impedir el paso de los rayos solares, hacen que bajen las temperaturas. En 1816, la erupción del Tambora, cerca de Java, fue la causa de que hiciera tiempo invernal en pleno verano en Norteamérica y en Europa.*

● *El calor del interior de la Tierra puede aprovecharse para diversos fines. Por ejemplo, muchas casas de Reikiavik, la capital de Islandia, se calientan con agua de las fuentes subterráneas. Y algunas centrales de Nueva Zelanda, Italia, EE UU, Japón, México y Chile usan gases volcánicos para generar electricidad. La energía obtenida del calor del interior de la Tierra se llama **energía geotérmica**.*

Nacimiento del Paricutín

Dionisio Pulido vivía en México. Era labrador, al igual que su padre y su abuelo. En 1943 le ocurrió algo extraordinario: en su tierra surgió algo que no era maíz. Ésta es la verdadera historia de lo que ocurrió.

Dionisio Pulido se despertó sobresaltado. Amanecía, y la luz del sol entraba a través de la pequeña ventana situada sobre su cama. Dionisio permaneció un rato echado, observando y escuchando. Intentaba averiguar qué había interrumpido su sueño. De pronto, las paredes de su choza empezaron a temblar. El suelo crujió, como si las viejas tablas de madera protestasen. ¡Hasta su cama parecía moverse!

Dionisio rezó una oración en voz baja, pidiendo protección a Dios para los suyos y para los habitantes del pueblo.

Era el 20 de febrero de 1943. El pueblo mexicano de Paricutín, donde vivía Dionisio, llevaba 15 días sufriendo pequeños temblores de tierra. Cada día,

los temblores se hacían más fuertes y más frecuentes. ¡En sólo un día se habían producido unos 500 temblores! La gente estaba muy asustada.

En cuanto cesaron los temblores, Dionisio saltó de la cama y se encaminó hacia sus tierras, cercanas al pueblo. Tenía pensado arar el campo ese día y dejarlo preparado para la siembra. Debía olvidarse de los temblores de tierra. Tenía trabajo que hacer.

Dionisio enganchó los bueyes al arado y empezó la faena. Era un día muy frío, pero Dionisio notó que el suelo estaba caliente bajo sus pies. Al principio esto lo desconcertó, pero se olvidó de ello en cuanto se concentró en su dura labor.

En una esquina del campo afloraban unas rocas con un agujero. Llevaban ahí muchísimo tiempo, y a menudo los niños del pueblo jugaban en ellas.

Cuando Dionisio se acercó a aquella esquina del campo, al atardecer, vio una grieta. Era de unos 25 metros de largo y atravesaba, en línea recta, el agujero de las rocas.

Dionisio caminó hacia allí para observar la grieta más detenidamente.

Mientras se aproximaba, oyó como un fuerte bramido que parecía proceder de debajo de sus pies. Comenzó a salir humo del agujero y los árboles de las lindes del campo empezaron a temblar. De repente, el suelo junto a las rocas se abrió y comenzó a hincharse. Un fuerte olor a sulfuro impregnaba el aire.

Dionisio salió corriendo como si el mismísimo demonio lo persiguiera. No tenía ni idea de que estaba asistiendo al nacimiento de un volcán.

Cuando Dionisio llegó al pueblo, gritando con todas sus fuerzas, los habitantes acudieron rápidamente para saber qué estaba sucediendo. Dionisio señaló hacia su tierra. A lo lejos se podía ver la lava que emergía de un

agujero situado en un extremo de la grieta. El agujero se iba agrandando por momentos.

Algunos habitantes del pueblo permanecieron vigilantes toda la noche, aterrorizados a la vez que fascinados, mientras contemplaban el fenómeno. Otros fueron a rezar a la iglesia. Al día siguiente, a las ocho de la mañana, Dionisio regresó a su campo de maíz. Se encontró con que durante la noche había surgido un cono de 10 metros de alto. Al mediodía, el cono medía ya unos 45 metros de alto, y al anochecer expulsaba lava lentamente de su chimenea. A la mañana siguiente, a Dionisio ya no le quedaban tierras.

Ese día, los habitantes que aún no habían huido decidieron marcharse. ¡En buen momento lo hicieron! Durante la siguiente semana, el volcán creció hasta alcanzar 140 metros de alto y expulsó rocas a una distancia de hasta seis kilómetros. El ruido de las explosiones podía oírse hasta en Ciudad de México, a 816 km de distancia.

Cuando los habitantes se fueron, empezaron a llegar científicos de todo el mundo para observar y estudiar este nuevo volcán. El pueblo de Paricutín y el cercano pueblo de San Juan de Parangaricútiru quedaron arrasados.

Enormes cantidades de cenizas volcánicas recubrieron 12 kilómetros a la redonda. En San Juan de Parangaricútiru sólo la torre de la iglesia se elevaba sobre la lava. Al no poder pastar, el ganado empezó a adelgazar y acabó muriendo de hambre. El agua escaseó porque los cauces de los ríos se habían llenado de rocas y cenizas volcánicas. Las aves que habían respirado los gases venenosos cayeron del cielo muertas.

El volcán siguió expulsando lava y aumentando de tamaño hasta 1952. Nueve años y 52 días después de su dramático nacimiento, se calmó de repente. Cuando Dionisio Pulido llevó a sus nietos a visitar el lugar en que había vivido y trabajado durante años, el enorme cono de roca y ceniza volcánicas se elevaba 410 metros sobre su campo de maíz. ¡Qué historia tan increíble pudo contarles!

Verdadero o falso

¿Cuáles de estas afirmaciones son verdaderas y cuáles son falsas?
Si has leído este libro con atención, sabrás las respuestas.

1. Todos los volcanes son montañas cónicas.

2. El cinturón de fuego es un volcán de Hawai.

3. Los científicos que estudian los volcanes se llaman vulcanólogos.

4. El centro de la Tierra se llama corteza.

5. El magma que emerge a la superficie de la Tierra se llama lava.

6. El arroz y otras plantas alimenticias crecen bien en el suelo volcánico.

7. El polvo volcánico puede causar maravillosas puestas de sol.

8. El Estrómboli es el volcán activo más grande de la Tierra.

9. Caldera es otro de los nombres que se da a la cámara magmática.

10. La corteza de la Tierra está formada por trozos de roca llamados placas.

11. El *pahoehoe* es lava fluida que se ha enfriado y solidificado formando pliegues parecidos a cuerdas.

12. Un volcán dormido es un volcán que se cree que no volverá a erupcionar.

13. Las bombas volcánicas son las rocas grandes que lanza un volcán.

Respuestas: 1.F 2.F 3.V 4.F 5.V 6.V 7.V 8.F 9.F 10.V 11.V 12.F 13.V

Vocabulario

Activo: Palabra utilizada para describir un volcán que está en erupción o que erupciona cada cierto tiempo.

Bombas volcánicas: Son los fragmentos más grandes de roca que expulsa un volcán.

Caldera: Amplio cráter circular que se forma cuando el cono de un volcán se colapsa en su propia cámara magmática.

Cenizas volcánicas: Son los fragmentos más pequeños de roca sólida que expulsa un volcán.

Cinturón de fuego: Nombre que recibe la franja que rodea el océano Pacífico, donde se encuentra un gran número de volcanes activos.

Cono: Montaña que se eleva alrededor de la chimenea central de un volcán. Está formada por sucesivas capas de lava y cenizas solidificadas, expulsadas por los volcanes cuando entran en erupción.

Corteza: Fina capa de la superficie de la Tierra. Está formada por fragmentos de roca sólida, llamados placas, que flotan en el manto líquido, la siguiente capa hacia el interior de la Tierra.

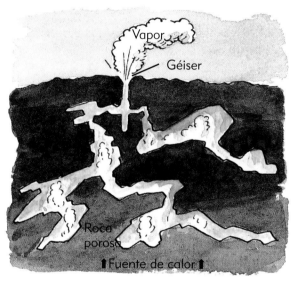

Vapor
Géiser
Roca porosa
↑Fuente de calor↑

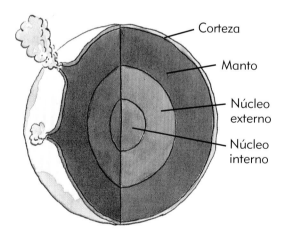

Corteza
Manto
Núcleo externo
Núcleo interno

Chimenea: Abertura principal del volcán, por la que sale el magma al exterior. También puede haber chimeneas más pequeñas que originen cráteres secundarios.

Cráter: Agujero que se forma en la cima de la chimenea del volcán y que se va agrandando con cada nueva erupción.

Dormido: Volcán activo que no está en erupción, pero que puede estarlo en el futuro.

Energía geotérmica: Energía que se obtiene de las áreas volcánicas, o *puntos calientes*, que se hallan bajo la superficie de la Tierra.

Fuentes termales: Aguas profundas que, en contacto con el magma, se calientan y salen burbujeando a la superficie.

Géiser: Fuente termal natural que lanza un surtidor de vapor y agua al exterior.

Lava: Nombre que recibe el magma cuando sale a la superficie.

Magma: Roca fundida por el calor que se encuentra en el interior de la Tierra.

Nivel: Aparato para medir el ángulo del suelo. Aplicado a los volcanes, mide cómo se hinchan las laderas del cono al ascender el magma desde el interior de la Tierra.

Núcleo: El centro mismo de la Tierra. Está dividido en núcleo externo, compuesto por metales líquidos, y núcleo interno, formado por hierro sólido.

Pahoehoe: Palabra hawaiana que designa a la lava cuando se solidifica en pliegues parecidos a cuerdas. También se denomina lava cordada.

Piedra pómez: Roca tan ligera que incluso flota en el agua. Se forma cuando se enfría la espuma llena de burbujas de gas que, a veces, expulsa un volcán.

Piroclastos: Fragmentos de roca sólida que expulsa un volcán

Pitón volcánico: Es el pilar de lava dura que rellenaba el conducto del volcán y que permanece cuando el tiempo ha erosionado el cono de un cráter.

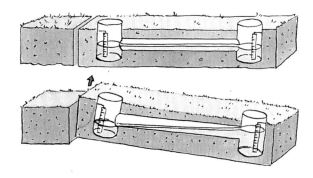

Placa: Cada uno de los grandes fragmentos de roca sólida de los que está compuesta la corteza terrestre.

Puntos calientes: Áreas de enorme calor en el manto, donde el magma aflora a la superficie y forma volcanes.

Sismógrafo: Instrumento que utilizan los científicos para conocer la posición exacta del magma ardiente. La localización del magma les proporciona datos para saber cuándo va a entrar en erupción un volcán.

Cuaderno

Fotocopia esta página y utilízala para tus apuntes.

37

Cuaderno

Cómo cargar el CD-Rom

Es muy fácil cargar el CD-Rom.
Pero, antes de comenzar, repasa la lista de la página siguiente para asegurarte de que tu ordenador está listo para el programa.

El CD-Rom funciona tanto en PC con Windows como en Apple Macintosh, siempre que cumplan los requisitos técnicos mínimos.

REQUISITOS TÉCNICOS

PC
● Procesador de Pentium 100 Mhz
● Windows versión 95, 98 (o superior)
● 16 Mb RAM
  (24 Mb recomendado para Windows 98)
● Monitor color VGA 256
● 1 Mb tarjeta gráfica
● Tarjeta de sonido compatible con SoundBlaster
● Lector de CD-Rom de doble velocidad

APPLE MACINTOSH
● Procesador 68020
  (PowerMac, G3/i-Mac recomendado)
● Sistema 7.0 (o superior)
● 16 Mb de RAM
● Monitor con resolución 640 x 480
● Lector de CD-Rom de doble velocidad

INSTRUCCIONES DE INSTALACIÓN

No hace falta instalar el CD-Rom en el disco duro; funciona desde el lector de CD.

PC CON WINDOWS 95 o 98

El programa debe iniciarse automáticamente al meter el CD-Rom en el lector. Si no lo hace, consulta AUTOARRANQUE en la página 44 o sigue estas instrucciones:

1. Introduce el CD-Rom en el lector de CD.
2. Haz doble clic en MI PC.
3. Haz doble clic en D: (si D: es la letra de tu lector de CD).
4. Haz doble clic en el icono llamado VOLCÁN.

PC CON WINDOWS 3.1 o 3.11

1. Introduce el CD-Rom en el lector de CD.
2. Selecciona ARCHIVO y a continuación abre EJECUTAR.
3. Teclea D:\volcán (si D: es la letra de tu lector de CD).
4. Presiona la tecla de INTRO.

APPLE MACINTOSH

1. Introduce el CD-Rom en el lector de CD.
2. Si no arranca solo, haz doble clic en el icono del título (ver AUTOARRANQUE).

LISTA DE COMPROBACIÓN

- Primero, comprueba que el ordenador y el monitor cumplen los requisitos del sistema de la página 40.

- Comprueba que el ordenador, el monitor y el lector de CD están encendidos y funcionan correctamente.

- Es importante que no haya abierta ninguna otra aplicación, como el procesador de texto. Sal de todas las aplicaciones antes de instalar el CD-Rom.

- Comprueba que el salvapantallas está desactivado.

- Para instalar el CD-Rom en un PC con Windows 3.1 o 3.11, teclea bien las instrucciones al cargar el CD-Rom. Usa dos puntos (:), no punto y coma (;), y una barra inclinada hacia la izquierda (\), no hacia la derecha (/). No utilices ningún otro signo de puntuación ni pongas espacios entre las letras.

Cómo usar INTERFACT

INTERFACT es muy fácil de usar.
Carga en tu ordenador el CD-Rom
(ver página 40), lee estas sencillas
instrucciones y ¡diviértete!

El CD-Rom tiene varias actividades. Haz clic en los botones triangulares de la parte derecha de la pantalla para ir de una actividad a otra. Haz clic en el icono de la actividad para iniciar ese juego. Al hacerlo, la pantalla principal cambia.

Por ejemplo, ésta es la pantalla inicial de PREGUNTA A LOS EXPERTOS, en la que Ana y Paco responden a tus preguntas. Cuando hayas seleccionado una actividad, haz clic en la pantalla principal para empezar a jugar.

¿Son volcanes todas las montañas?

RESPUESTA

Haz clic para seguir

Haz clic aquí para seleccionar la actividad que desees.

Haz clic en los botones triangulares para pasar de una actividad a otra o para salir.

En esta caja de texto aparecen las instrucciones que explican lo que hay que hacer. El índice del CD-Rom está en la página 4.

CD-Rom

En el libro hay cajas, como la de abajo, que te indican actividades en el disco que están relacionadas con lo que estás leyendo.
Usa los botones triangulares para buscar en la pantalla el mismo icono que muestra la caja del libro.

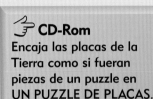

☞ **CD-Rom**
Encaja las placas de la Tierra como si fueran piezas de un puzzle en **UN PUZZLE DE PLACAS**.

LIBRO

En las actividades del CD-Rom, de vez en cuando aparece un libro con un número. Éste te indica la página en la que puedes encontrar en el libro más información sobre el tema que aparece en pantalla.

23

CUADERNO

En las páginas 36 y 37 hay unas hojas. Fotocópialas para que puedas usarlas todas las veces que quieras. Usa las fotocopias para anotar tus descubrimientos.

TRUCOS ÚTILES

● Cuando hayas elegido una actividad, no olvides mover el puntero desde el icono a la pantalla principal antes de hacer clic con el ratón.

● Si no sabes cómo usar algún mando de la pantalla, sólo tienes que colocar el puntero encima. ¡Aparecerá una caja de texto con la explicación!

● Cuando el puntero cambie de una flecha ➡ a una mano ☞ haz clic con el ratón y ocurrirá algo.

● Las palabras que aparecen en color azul y subrayadas son palabras clave. Esto significa que al poner el puntero junto a ellas aparece otro texto con más información.

● ¡Explora la pantalla! Puedes descubrir muchos secretos con tu puntero.

RESUELVE PROBLEMAS

Si tienes algún problema con tu CD-Rom, en estas páginas deberías encontrar cómo solucionarlo.
Busca tu caso y averigua qué tienes que hacer.

COMPRUEBA que dispones de los requisitos especificados en la página 40. Consulta PROBLEMAS MÁS FRECUENTES en la página 45 si aún tienes problemas.

AUTO ARRANQUE

PC CON WINDOWS 3.1 o 3.11
Estas versiones de Windows no tienen autoarranque. Para iniciar el programa, sigue las instrucciones de la página 41.

PC CON WINDOWS 98
Si el programa no arranca solo, a lo mejor no tienes activado el autoarranque. Para activarlo, consulta AYUDA en el menú INICIO. Busca CD, y consulta reproducción automática al insertar.

PC CON WINDOWS 95
Si el programa no arranca solo, a lo mejor no tienes activado el autoarranque. Para activarlo, haz clic con el botón derecho en MI PC, selecciona PROPIEDADES y luego ADMINISTRADOR DE DISPOSITIVOS. Haz clic en el símbolo + del CD, en el tipo de CD, en PROPIEDADES y en CONFIGURACIÓN. Marca NOTIFICACIÓN DE AUTOINSERCIÓN y acepta.

AUTO ARRANQUE

APPLE MACINTOSH
Si el programa no arranca solo, y tienes Quicktime 3 o 4, a lo mejor no tienes activado el autoarranque. Para activarlo, abre el PANEL DE CONTROL, elige AJUSTES DE QUICKTIME y luego REPRODUCCIÓN AUTOMÁTICA. Verifica que está seleccionado REPRODUCCIÓN AUTOMÁTICA DE CD. Si tienes Quicktime 1 o 2, sigue las instrucciones de la página 41 para iniciar el programa.

APPLE MACINTOSH

Caso: Al iniciarse el programa, los contenidos salen en una esquina de tu monitor.

Problema: La resolución de pantalla no es la adecuada.

Solución: Cambia la resolución a 640 x 480. Para ello, abre el MENÚ MANZANA, selecciona PANELES DE CONTROL, elige MONITORES (o MONITORES Y SONIDO) y elige en la ventana de RESOLUCIONES 640 x 480.

PROBLEMAS MÁS FRECUENTES

Caso: No se carga el disco.
Problema: No hay espacio suficiente en el disco duro.
Solución: Consigue más espacio borrando aplicaciones antiguas y programas que no uses hasta que tengas 6 Mb de espacio libre.

Caso: El CD-Rom no funciona.
Problema: No hay memoria suficiente.
Solución: *O* sales de otras aplicaciones y programas (ver *Comprueba*) *o* amplías la memoria RAM de tu ordenador ajustando la memoria virtual.

Caso: Los gráficos no se cargan o no tienen gran calidad.
Problema: El tipo de monitor no es correcto o la tarjeta gráfica no está bien configurada.
Solución: Elige el tipo de monitor correcto o configura la tarjeta gráfica.

Caso: No hay sonido (sólo PC).
Problema: La tarjeta de sonido no es compatible con Soundblaster.
Solución: Configura las preferencias de sonido o hazlas compatibles con Soundblaster (ver manual de tarjeta de sonido).

Caso: El aparato se cuelga.
Problema: No hay memoria suficiente.
Solución: *O* sales de otras aplicaciones y programas *o* amplías la memoria RAM de tu ordenador ajustando la Memoria Virtual.

Caso: El texto no encaja bien en las cajas y las palabras clave (hipertexto) no muestran más información.
Problema: Las fuentes estándar del ordenador se han desinstalado o borrado.
Solución: Volver a instalar las fuentes estándar. La versión PC requiere Arial; la versión MACINTOSH requiere Helvética. Consulta el manual del ordenador.

Índice alfabético